5 Mots ;

que votre

enfant ne

doit pas

entendre.

Nous pensons souvent que les mots qu'en prononcent ne font pas de mal, que l'important c'est ce que nous voulions dire. La façon n'est pas importante.

Eh bien, c'est totalement faux!

Etude

Des études pédagogiques ont prouvé que

dire des mots grossiers aux enfants pour

faire changer des comportements

indésirables chez eux a des résultats

négatifs.

Les mots ont un effet de magie sur l'esprit

de l'enfant.

Blesser un enfant avec un mot indésirable

peux conduire à une rébellion violente

même plus tard.

Les mots sont soit des flèches d'amour,

soit des boules de feu.

Mot N° 01

Je ne t'aime pas

- " Je t'aime ", lorsque nous le disons à nos enfants, contribue grandement au développement de sa personnalité.

- " Je t'aime ", signifie l'attention.

- " Je t'aime ", signifie que tu es proche de moi.

- Vous ; Papa, vous ; maman, même lorsque tu es dans le maximum de ta colère, ne dis pas à ton fils ou à ta fille "je ne t'aime pas."

- Un grand mur, plus grand que le mur de Chine, se construira toi et ton enfant.

- Ce mur ne sera pas brisé à moins que tu lui dire de nouveau " Je t'aime ".

- N'as-tu pas peur ... qu'il te le dise aussi quand tu seras vieux ou vielle.

- Réfléchissez mille fois avant de dire à ton enfant " Je t'aime pas ".

Mot N° 02

Vous êtes stupide

+ "Vous êtes stupide"; une phrase très blessante pour le grand, alors qu'en est-il du petit enfant!

+ " Vous êtes stupide"; quand elle sort de la bouche de la mère ou de la bouche du père, c'est une boule de feu.

+ "Vous êtes stupide»; est un message négatif pour l'enfant ne quittera pas sa mémoire pendant de nombreuses années.

- Ce mot a des effets négatifs sur le développement psychologique de l'enfant et sa vision de son soi même.

- S'il est nécessaire, critiquez les performances de l'enfant et non son caractère.

Mot N° 03

Vous êtes moche

- L'enfant est une bénédiction de Dieu. Il vous l'a donné à toi et il l'a interdit pou d'autres.

- Acceptez votre enfant tel quel.

- Les enfants sont toujours beaux.

- Les enfants sont les colombes du paradis.

- Il n'y a pas de visage moche mais il y a un œil qui ne peut pas remercié Dieu.

+ Tu es vraiment moche lorsque vous perdrez ta morale ou ta conscience.

+ Ne parlez jamais à votre enfant de la différence entre les visages. Parlez-lui de la différence entre les consciences.

Mot N° 04

Vous êtes un menteur

+ Ne dites pas à votre enfant que vous êtes un menteur, mais dites lui vous avez tort.

+ Les enfants utilisent fréquemment des mensonges imaginaires, c'est un divertissement pour lui, en raison de leur grande imagination d'enfants. C'est un mensonge innocent.

+ Le garçon a appris le mensonge des adultes, alors ne mentez pas devant lui.

- De toutes les façons, éloignez-vous des châtiments corporels.

- L'enfant peut utiliser le mensonge défensif par crainte d'être puni.

Mot N° 05

Vous êtes un enfant raté

- Lorsque vous dites à votre fils qu'il est un enfant raté, il ne réussira pas toute sa vie.

- Vous allez tuer toutes ses ambitions.

- Votre enfant avait besoin de soutien. Pas de châtiment.

- Un véritable échec n'est pas dans les études. C'est plutôt, l'échec dans la vie. C'est une grande différence entre les deux.

+ Conseil, soutenez votre enfant au lieu de l'accuser d'échec. Vous verrez beaucoup de choses changer en lui.

Belles citations

Inspirantes

"Les mots ont parfois plus de résonance que les actions
les plus explosives".

Jean-Edern Hallier

" Les mots sont comme les transparents qui prennent la

couleur du fond sur lesquels on les place."

Auguste de Labouïsse-Rochefort

"Les idées s'expriment par des mots, mais les mots

doivent exprimer des idées"

.

Émile de Girardin

Appliquez-les

avec vos enfants.

Vous n'allez pas regretter.

KAMAL DJAMA

Médecin légiste; conseiller ; algérien

Algerian Forensic doctor